Dimiter Inkiow

Ich bin Susannes großer Bruder

Der Autor:

Dimiter Inkiow ist in Bulgarien geboren. Schon als zehnjähriger Junge schrieb er seine ersten Kindergeschichten, mit 16 Jahren war er bereits Mitarbeiter einer großen Zeitung. Als Kinderbuchautor machte er sich schnell einen Namen. Mit seinem Studium an der Akademie für Schauspielkunst in Sofia erwarb er sich das Diplom als Regisseur. Seit 1965 lebt Dimiter Inkiow in Deutschland, hielt sich jedoch lange in Amerika auf und besitzt die US-Staatsbürgerschaft. In Deutschland erschienen unter anderem ›Die Puppe, die ein Baby haben wollte‹, ›Reise nach Peperonien‹, ›Was kostet die Welt‹, ›Das Buch erobert die Welt‹ und die Klara-Geschichten in vielen Fortsetzungen. Fünf Bände gibt es bereits bei dtv junior. Die Klara-Geschichten, nach denen auch eine Fernsehfolge gedreht wurde, sind so beliebt, daß Dimiter Inkiow immer neue erfinden muß.
Bücher von Dimiter Inkiow bei dtv junior: siehe Seite 4

Dimiter Inkiow

Ich bin Susannes großer Bruder

Mit Illustrationen von Michaela Reiner

Deutscher Taschenbuch Verlag

Die Geschichten dieses Bandes wurden ausgewählt aus ›Hurra! Unser Baby ist da‹, ›Hurra! Susanne hat Zähne‹ und ›Susanne ist die Frechste‹, alle erschienen im Erika Klopp Verlag

Von Dimiter Inkiow sind außerdem bei dtv junior lieferbar:
Ich und meine Schwester Klara, Band 7332
Ich und Klara und der Kater Kasimir, Band 7366
Ich und Klara und der Dackel Schnuffi, Band 7418
Ich und Klara und das Pony Balduin, Band 7455
Ich und Klara und der Papagei Pippo, Band 70017

Ungekürzte Texte
Januar 1991
Deutscher Taschenbuch Verlag GmbH & Co. KG, München

ISBN 3-7817-0891-8, 3-7817-0892-6 und 3-7817-0893-4
Umschlaggestaltung: Celestino Piatti
Umschlagbild: Michaela Reiner
Gesetzt aus der Helvetica 12/14·
Gesamtherstellung: Kösel, Kempten
Printed in Germany · ISBN 3-423-70216-8

Inhalt

Ich beschließe, ein großer Bruder zu werden

Unser Baby hatte ich mir von allen zu Hause am meisten gewünscht. Weil ich ein großer Bruder werden wollte.

Warum, wirst du mich sicher fragen.

Weil Gaby aus unserer Klasse immer sehr stolz auf ihren großen Bruder war. Mein Freund Peter auch. Die beiden drohten allen mit ihrem großen Bruder. Kein Kind traute sich, Peter zu schubsen oder Gaby an den Zöpfen zu ziehen. Weil sonst der große Bruder kommt.

»Einen großen Bruder zu haben«, sagte mir Gaby, »ist das Schönste auf der Welt.«

»Stimmt.« Peter nickte. »Er kann dich immer beschützen. Es ist wirklich schade, daß du keinen hast.«

»Macht nichts«, sagte ich. Was sollte ich sonst auch sagen. Einen großen Bruder kann man sich nicht bestellen.

Dann aber . . . dann kam mir plötzlich die Idee.

Einen großen Bruder zu haben ist sicher schön. Aber es wäre vielleicht genauso schön, selbst ein

großer Bruder zu sein. Und einen kleinen Bruder zu haben oder eine kleine Schwester. Zum Beschützen. Die dann überall erzählen, daß sie einen großen Bruder haben.

Mensch, wäre das toll.

Ich bohre nach

Von diesem Tag an fragte ich jeden Morgen am Frühstückstisch: »Wann kriegen wir endlich ein Baby? Ich möchte so gern einen Bruder oder eine Schwester haben.«

Mama und Papa lachten. Das war schon ein Erfolg.

Ich bohrte weiter: »Mama, wann kriegen wir endlich ein Baby?«

»Papa, ich möchte soooo gern, daß wir endlich ein Baby haben.«

»Dann mußt du aber mit dem Baby dein Zimmer teilen«, sagte Papa.

»Das tue ich gern.«

»Und wenn das Baby nachts weint?«

»Dann werde ich es schaukeln.«

»Ein Baby ist kein Spielzeug.«

»Das weiß ich schon.«

»Wenn ein Baby da ist, ist es für immer da.«

»Das will ich auch!« rief ich. »Glaubst du, ich wünsche mir ein Baby nur für einen Tag oder eine Woche?«

»Ein Baby kommt aber nicht auf Bestellung«,

sagte Papa. »Es gibt Leute, die ihr ganzes Leben lang auf ein Baby warten. Weißt du das nicht?«

»Doch, das weiß ich schon. Aber ich glaube, Papa, wenn wir es uns alle sehr wünschen, dann wird das Baby eines Tages bestimmt kommen. Ich möchte eine Schwester oder einen Bruder haben – versteht ihr das nicht?«

»Doch, das verstehe ich gut«, sagte Papa.

Mama meinte: »Du hast doch früher nie gesagt, daß du Geschwister willst.«

»Stimmt!« Ich nickte. »Ich habe mir aber vor einigen Tagen in der Schule vorgenommen, ein großer Bruder zu werden!«

Das Baby ist unterwegs

Ich beschloß, noch jemanden in die Sache reinzuziehen. Den, der für alle Babys auf der Welt zuständig ist.

Den Storch?

Nein.

Den lieben Gott.

Ich begann, jeden Abend vor dem Einschlafen eifrig zu beten. Der liebe Gott sollte wissen, wie sehr ich mir ein Baby wünschte. Ich betete auch in Papas und Mamas Namen. Weil ich mir nicht sicher war, daß sie es auch tun.

So ging das ziemlich lange. Wie lange, habe ich schon vergessen.

Und dann ... dann kam ein Sonntag, den ich nie vergessen werde. Wir saßen alle am Frühstückstisch – Mama, Papa und ich. Es roch gut nach Kaffee und nach Kakao. Und warmer Milch. Und frischen Brötchen. Es war Frühling. Draußen zwitscherten die Vögel.

Ich wollte mir gerade ein zweites Brötchen mit Butter bestreichen, als Mama mich anlächelte und sagte: »Heute habe ich für dich eine große

Neuigkeit. Wenn ich es dir sage, wirst du vor Freude bis an die Decke springen.«

»Hast du mir was gekauft?«

»Nein. Es ist was viel Schöneres. Wir kriegen ein Baby!«

»Echt?«

Mir blieb der Mund offenstehen. Dann kletterte ich auf meinen Stuhl und rief laut: »Juhuuuuu!!«

Dann sprang ich herunter und rief wieder:

»Juhuuuuu! Juhuuuuu! Juhuuuuu!«

»Genug jetzt«, sagte Papa.

»Freust du dich sehr?« fragte Mama.

Jetzt mußte ich noch einmal auf meinen Stuhl klettern und nochmals »juhuuuuu« rufen, um zu

zeigen, wie sehr ich mich freute. Dann wollte ich wissen, ob es auch ganz sicher sei.

»Ich war letzte Woche beim Frauenarzt«, erklärte Mama, »und er sagt, ich kriege ein Baby.«

»Wo ist das Baby?«

»In meinem Bauch.«

»Und wann kommt es heraus?«

»Wenn es groß genug ist. Jetzt ist es noch sehr, sehr klein.«

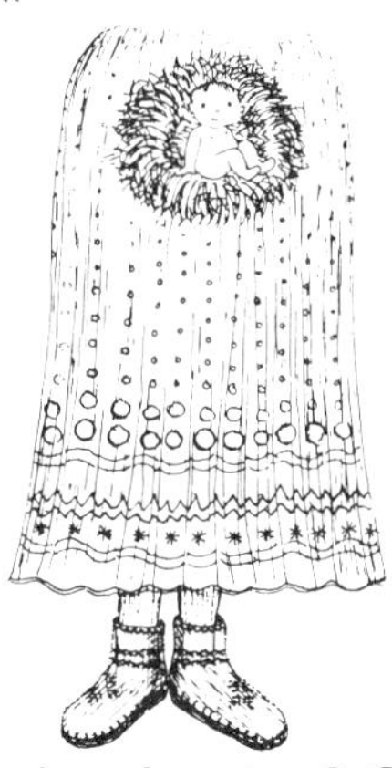

»So klein wie eine Ameise? Oder wie ein Käfer? War ich auch so klein?«

»Sicher. Als du in meinem Bauch warst, warst du nicht größer.«

Ich überlegte kurz und sagte: »Mama, jetzt mußt du aber viel essen. Für zwei. Damit unser Baby schnell größer wird und bald herauskommt.«

Ich warte und warte. Das Baby hüpft in Mamas Bauch

An diesem Abend konnte ich lange nicht einschlafen. Ich stellte mir Mamas Bauch vor. Und drin, in einem weichen Nest, ein ganz kleines Baby. So groß wie eine Ameise.

Mensch, bin ich wirklich auch einmal so klein gewesen? Und wie lange sollte ich warten, bis das Baby groß würde und herauskäme?

Dann träumte ich die ganze Nacht von dem Baby.

Mamas Bauch wuchs aber gar nicht so schnell, wie ich es mir wünschte. Es gab Tage, da dachte ich sogar, daß der Arzt sich vielleicht geirrt hätte. Weil Mama sehr dünn war.

Dann wurde Mama aber langsam immer dikker und dicker. Bald gab es keinen Zweifel: Das Baby war doch drin. Es begann auch, sich zu bewegen.

»Möchtest du fühlen, wie es sich bewegt?«

»Ja. Gern.«

Mama legte meine Hand auf ihren Bauch. Da gab es plötzlich von drinnen einen Schubs.

»Das sind seine Beine.« Mama lachte. »Seit gestern strampelt es ganz kräftig.«

Das Baby hatte uns wohl gehört und gab Mamas Bauch noch einen Schubs.

Dann wieder.

Und wieder.

›Arme Mama‹, dachte ich. ›Ihr Bauch bekommt sicher blaue Flecken, wenn das Baby ihr weiter so kräftige Fußtritte gibt.‹

»Mama, habe ich auch in deinem Bauch mit den Beinen gestrampelt?«

»Und wie! Du warst ganz wild.«

»Tut dir das nicht weh?«

»Nein. Es kitzelt nur.«

Das hat mich beruhigt. Jetzt war mir klar, warum Mama strahlte und lachte, wenn das Baby sich in ihrem Bauch bewegte.

Es begannen bald große Vorbereitungen. Mama strickte Strampler und Jäckchen. Papa überlegte, wie er mein Zimmer umräumen könnte. Ein Babybett sollte rein.

»Du mußt dich von einigen Spielsachen trennen«, sagte er zu mir.

»Gut.« Ich nickte. »Ich werde es mir überlegen.«

Mama meinte, es hätte noch Zeit. Das Baby käme erst Ende Januar auf die Welt.

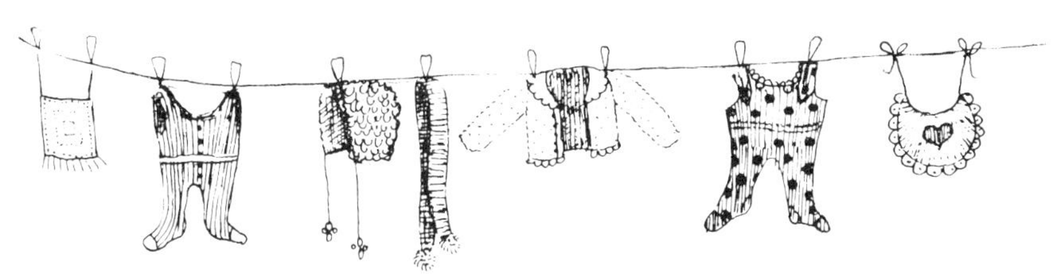

»Ist das sicher?« wollte ich wissen.

»Natürlich. Das hat mir der Arzt gesagt.«

Dann, dachte ich, habe ich noch ein bißchen Zeit. Aber es war mir nicht ganz geheuer, daß ich mein Zimmer plötzlich mit einem Baby teilen sollte.

Das Baby erschrickt und kommt zu früh

Manchmal passieren auf der Welt Sachen, die keiner erwartet. So war es auch mit unserem Baby.

Unser Baby – stellt euch vor – kam in der Silvesternacht auf die Welt. Obwohl Papa, Mama und ich und auch der Arzt es erst Ende Januar erwartet hatten.

Auch die Oma erwartete es Ende Januar. Sie hatte geschrieben, daß sie ihm eine Decke strickte. »Wenn das Baby Ende Januar da ist«, schrieb sie, »ist die Wolldecke fertig.«

Jetzt war das Baby plötzlich da, und seine Decke war nur zur Hälfte fertig.

Ich glaube, ich weiß, warum das Baby plötzlich um Mitternacht herauswollte: Das Neujahrsfeuerwerk hatte es erschreckt.

Ich sag euch ehrlich: mich hat es auch erschreckt, obwohl ich darauf gewartet hatte. Ich war in einem Sessel vor dem Fernseher eingeschlafen und sprang vor Schreck einen Meter hoch, als es draußen krachte.

Es krachte schrecklich!!!

Ein Nachbar neben uns hatte auf seinem Balkon Knallkörper angezündet. Sicher drei Stück auf einmal oder vielleicht auch zehn oder zwanzig.

Mensch, war das ein Krach.

Ich riß meine Augen auf und sah Mama und Papa am Fenster stehen, beide mit einem Glas Sekt in der Hand.

Sie hatten sich gerade geküßt und stießen mit den Gläsern an.

»Ich wünsche uns ein glückliches neues Jahr«, sagte Papa zu Mama.

»Ich wünsche es uns auch!« sagte Mama.

Und dann – dann machte Mama plötzlich ein entsetztes Gesicht, faßte sich an den Bauch und rief: »O Gott, was machen wir jetzt? Ich glaube, das Baby kommt schon!«

Papa machte ein langes Gesicht. »Bist du dir sicher?«

»Es kommt. Oh, es will heraus.«

Mir war sofort klar, daß der Krach draußen unser Baby erschreckt hatte. Genau wie mich.

»Ich rufe sofort die Klinik an.« Papa stürzte ans Telefon. »Das gibt's ja gar nicht – es meldet sich niemand.«

Mama saß mit bleichem Gesicht in einem Sessel und umfaßte mit beiden Armen ihren Bauch.

»Weißt du was – ich fahre dich besser sofort in die Klinik«, schlug Papa vor.

»Ich komme mit, ich will mit!« rief ich.

»Nein«, sagte Papa, »du bleibst zu Hause!«

»Ich will aber nicht zu Hause bleiben«, rief ich. »Ich will nicht! Hört ihr? Ich will nicht!«

Aber niemand hörte mir zu. Papa war nur mit Mama beschäftigt.

So ein Pech. Ich mußte zu Hause bleiben, obwohl ich so gern zusehen wollte, wie das Baby aus Mamas Bauch herauskriecht.

Babys können nämlich nicht laufen. Sie kriechen nur.

Ich habe eine Schwester – sieben Pfund schwer

Als ich aufwachte, saß meine Oma neben meinem Bett. Daß sie gekommen war, hatte ich gar nicht gemerkt.

Sie sagte: »Du hast heute nacht eine Schwester bekommen. Sieben Pfund schwer.«

»Juhuuuuu!« rief ich und sprang in meinem Bett dreimal hoch in die Luft. So hoch, glaube ich, war ich noch nie gesprungen.

Danach hüpfte ich noch lange, wenn auch nicht mehr so hoch. So lange, bis Oma sagte:

»Genug jetzt. Sonst machst du das Bett kaputt.«

»Wann können wir das Baby sehen, Oma?«

»Später. Mama muß sich noch ausruhen.«

»Hast du es auch noch nicht gesehen?«

»Nein. Dein Papa rief mich heute früh an und sagte, daß es ein Mädchen ist.«

»Was hat er noch gesagt?«

»Es ist dreiundfünfzig Zentimeter lang und sieben Pfund schwer.«

»Ist Papa noch im Krankenhaus?«

»Nein. Er schläft. Er hat die ganze Nacht nicht geschlafen. Ich mache jetzt Frühstück. Möchtest du ein Ei haben?«

»Ja, gern.«

Während Oma das Frühstück machte, schlich ich mich ins Schlafzimmer und kuschelte mich neben Papa. Es war schön warm neben ihm.

»Papaaaa«, flüsterte ich. »Ist unser Baby sehr klein?«

»Ach bitte, laß mich jetzt schlafen«, murmelte Papa.

»Papaaa, weiß das Baby schon, daß es einen großen Bruder hat?«

»Laß mich schlafen, habe ich dir gesagt.«

»Papaaa, hast du ihm schon von mir erzählt?«

Papa antwortete nicht.

Er schlief.

Ich kuschelte mich noch fester an ihn und dachte: ›Gut, daß es keine Zwillinge sind. Zwillinge kann man nämlich gar nicht voneinander unterscheiden. Weil sie ganz gleich aussehen, wie jeder weiß. Wenn der eine Peter heißt und der andere Paul, kann man so durcheinander geraten, daß man den Peter immer Paul nennt und

den Paul Peter. Schließlich kennt sich kein Mensch mehr aus.

Das wäre ja fürchterlich. Gut, daß ich nur eine Schwester gekriegt habe...

Eine kleine, liebe Schwester, die jetzt sicher schläft und noch nicht weiß, daß sie einen großen Bruder hat.‹

Mensch, war das toll – ich war über Nacht plötzlich ein großer Bruder geworden.

Das mußte ich sofort allen erzählen.

Die Nachricht verbreitet sich

Das Frühstück schluckte ich in mich hinein, so schnell ich nur konnte. Dann mußte ich mich anziehen. Weil ich in der Eile im Schlafanzug gefrühstückt hatte. Auch das tat ich so schnell ich nur konnte.

So schnell, daß ich zwei verschiedene Socken anzog. Das sah aber keiner. So was merkt nur Mama sofort, aber sie war ja nicht da. Mir selbst fiel es erst am Abend auf, und ich wunderte mich sehr.

Kaum fertig angezogen, lief ich ins Treppenhaus.

»Wohin gehst du?« rief Oma hinter mir her.

»Nirgendwo hin«, antwortete ich. »Ich bin nur im Treppenhaus.«

Wir wohnen in einem achtstöckigen Mietshaus, im dritten Stock. Fast genau in der Mitte also. Ich überlegte schnell, wo ich mit dem Klingeln anfangen sollte. Von unten nach oben? Oder von oben nach unten?

Ich wollte allen erzählen, daß wir ein Baby haben. Ich entschloß mich, mit dem Aufzug ganz nach oben zu fahren und von dort nach unten zu gehen. Das tat ich auch.

Viele wunderten sich, daß ich am Neujahrsmorgen klingelte.

»Guten Morgen. Ich wollte nur schnell sagen, daß wir ein Baby haben...«

»Oh, gratuliere. Was ist es denn?«

»Ein Mädchen. Es ist sieben Pfund schwer und dreiundfünfzig Zentimeter groß.«

»Hast du das Baby schon gesehen?«

»Noch nicht. Weil Papa jetzt schläft. Ins Krankenhaus gehen wir heute nachmittag.«

»Dann sag deiner Mutter viele Grüße.«

»Danke!«

Und schon klingelte ich an der nächsten Tür.

»Guten Tag. Wir haben heute nacht ein Baby gekriegt.«

»Oh, ist es schon soweit? Was ist es denn?«

»Ein Mädchen. Es ist sieben Pfund schwer und dreiundfünfzig Zentimeter groß.«

»Hast du das Baby schon gesehen?«

»Nein. Weil Papa jetzt schläft. Aber heute nachmittag gehen wir ins Krankenhaus.«

»Dann grüß deine Mutter.«

»Danke . . .«

So ging es weiter, von Etage zu Etage, bis zum Hausmeister, der im Parterre neben dem Eingang wohnt.

Er fragte: »Was gibt's?«

»Ich wollte nur schnell sagen, daß wir ein Baby haben, ein Mädchen.«

»Oh, gratuliere.«

»Es ist«, fuhr ich fort, »sieben Pfund schwer und dreiundfünfzig Zentimeter groß.«

»Gut. Und wie heißt es?«

Mensch, das wußte ich selber nicht.

»Ich glaube«, stotterte ich, »es hat noch keinen Namen. Weil es gerade erst geboren ist.«

Der Hausmeister meinte aber, das Baby müßte schon einen Namen haben. Das wunderte mich sehr.

»Wie kann ein Baby einen Namen haben, wenn es gerade geboren und noch nicht getauft ist?« wollte ich wissen. »Wer hat ihm den Namen gegeben?«

»Deine Eltern.« Er lachte. »Alle Eltern geben doch ihren Kindern die Namen, die ihnen gefallen.«

Das fand ich ziemlich ungerecht. Ich dachte: ›Und wenn das Kind den Namen scheußlich findet?‹

Jetzt mußte ich natürlich sofort herausfinden, wie meine Schwester heißt.

Ich lief zu Papa.

»Papaaa, wach auf! Papa! Es ist wichtig!«

»Warum? Was gibt's denn nun schon wieder?«

»Papaaa, wie heißt unser Baby?«

»Susanne. Hast du das nicht gewußt?«

»Nein. Keiner hat es mir gesagt.«

»Doch. Du hast es nur vergessen. Wir haben oft darüber gesprochen, daß es, wenn es ein Mädchen ist, Susanne oder Christine heißen soll. Und jetzt haben wir sie Susanne-Christine genannt.«

»Ohne sie zu fragen?«

»Sag mal, spinnst du?«

»Nein, aber ich finde es ungerecht, daß die Eltern ihre Kinder nennen dürfen, wie es ihnen paßt, ohne die Kinder zu fragen. Was ist, wenn die Kinder ihren Namen scheußlich finden?«

»Dann dürfen sie ihn ändern. Aber erst, wenn sie erwachsen sind. Warum fragst du? Gefällt dir dein Name nicht?«

»Doch. Und Susanne-Christine finde ich auch schön«, rief ich und ging wieder von Tür zu Tür, um allen zu verkünden, daß meine Schwester Susanne-Christine heißt.

Aber daß die Eltern ihren Kindern Namen geben, ohne sie vorher zu fragen, fand ich trotzdem ungerecht.

Die kahlköpfige Susanne

Bis ich das Baby zum erstenmal sah, mußte ich den ganzen Vormittag warten. Der kam mir wie eine Ewigkeit vor. Ich wartete darauf, daß Papa endlich aufwachte und uns alle ins Krankenhaus fuhr.

Vor Ungeduld hüpfte ich von einem Bein auf das andere.

»Wann sehe ich unser Baby? Wann fahren wir denn endlich hin?« jammerte ich von Zeit zu Zeit.

»Das weißt du doch – heute nachmittag gehen wir alle hin«, beruhigte mich Oma.

»Warum schläft denn Papa so lange?«

»Weil er müde ist.«

Daß die Zeit so langsam vergehen kann, hatte ich nicht gewußt.

Mittags kam auch Opa zu uns. Und Papa wachte endlich auf. Dann fuhren wir alle ins Krankenhaus.

Auf der Fahrt stellte ich mir die ganze Zeit vor, wie unser Baby aussehen würde. Es hatte sicher blaue Augen wie Papa.

Und schöne blonde Haare wie Mama. Weil es ein Mädchen war.

Ob es auch viele Locken hatte?

Auf dem Korridor lief ich allen voran.

Aber ich wußte nicht, in welchem Zimmer Mama lag.

Eine Schwester sagte, so dürfe sie uns gar nicht reinlassen.

Wir mußten weiße Kittel anziehen. Danach sahen wir alle wie Ärzte aus. Das hat mir sehr gefallen.

Und dann kam die große Überraschung: Ich stand plötzlich vor einem ganz kleinen, kahlköpfigen Baby. Es hatte ein rotes Gesicht, wie eine Tomate. Mit vielen Falten, wie Oma. Der Mund sah aus wie mit blauer Farbe bekleckert. Und in den Mundwinkeln konnte man weißen Speichel sehen. Igitt!

Sollte dieses häßliche Baby meine Schwester sein?

Ich war so enttäuscht, daß ich gar nichts sagte.

Da hörte ich Opa und Oma frohlocken: »O Gott, wie hübsch sie ist...«

Warum sie das sagten, war mir sofort klar: Beide hatten ihre Brille nicht auf. Gott sei Dank!

Aber daß auch Papa das Baby wunderschön

fand, ärgerte mich ein bißchen. Hatte er keine Augen im Kopf? Waren alle blind geworden?

Als einziges an meiner Schwester gefiel mir, daß sie so klein war. Winzig klein. Sie hatte auch eine ganz dünne Stimme und wimmerte leise wie eine Katze.

Ich stand ziemlich verwirrt neben Mamas Bett.

Schließlich fragte ich: »Mama, bist du ganz sicher, daß es ein Mädchen ist?«

»Warum fragst du?« lachte Mama.

»Weil sie keine Haare hat...«

Das hätte ich besser nicht sagen sollen. Weil alle laut lachten. Am lautesten lachte die Krankenschwester.

»Die Haare werden ihr nachwachsen«, meinte Mama.

»Da bin ich aber gespannt«, sagte ich. »Warum wachsen dann unserem Opa keine Haare nach?«

Ich entdecke, daß die Welt ungerecht ist

Seit unser Baby da ist, hat sich zu Hause sehr viel verändert.

Nachts, wenn Susanne aufwacht und weint, ist immer große Aufregung. Mama springt aus dem Bett und Papa auch. Sie geben ihr eine Flasche Milch, oder sie tragen sie durch die Wohnung und versuchen, sie zu beruhigen.

Mich trägt keiner.

Ich habe Mama und Papa gebeten, mich wie Susanne durch die Wohnung zu tragen.

»Nein, du bist schon zu groß«, haben beide gesagt. »Du bist uns viel zu schwer.«

So schwer, wie sie sagen, bin ich aber nicht.

Manchmal denke ich, ich möchte gern wieder ein Baby werden. So klein wie meine Schwester. Und mich an Mama kuscheln. Oder mich in Mamas Bauch verstecken. Da drin ist es bestimmt warm und kuschelig, und keiner kann mit mir schimpfen.

Zu einem Baby sind alle nett, auch wenn es so häßlich aussieht wie meine kahlköpfige Schwester.

Warum darf ein Baby alles, ich aber nicht?

Ich möchte sehen, was Mama sagen würde, wenn ich plötzlich in die Hose machte. Bei meiner Schwester tut sie so, als ob gar nichts geschehen wäre. Das finde ich sehr ungerecht.

Stellt euch vor: Gestern hatte Susanne wieder ihr großes Geschäft in die Hose gemacht. Als Mama ihre Windeln wechselte, begann ich sofort, alle Fenster zu öffnen. Weil es so fürchterlich stank. Es war gar nicht auszuhalten.

Glaubt ihr, Mama hätte sich bedankt? Ganz im Gegenteil. Sie schrie mich an: »Laß das! Willst du, daß Susanne sich erkältet?«

»Ich will nicht, daß Susanne sich erkältet. Aber ich möchte auch nicht, daß es in meinem Zimmer

so fürchterlich stinkt!« antwortete ich. »Es ist nicht auszuhalten. Hast du denn keine Nase?«

»Bitte, sei nicht albern. So schlimm ist es nicht.«

»Doch, Mama. Es ist sehr schlimm.«

»Dann mach die Tür zu und geh ins Wohnzimmer.«

Das fand ich sehr ungerecht.

Ich rief zutiefst beleidigt: »Du wirst es sehen, Mama, du wirst es schon sehen. Ich werde auch in die Hose machen. Ich bin gespannt, was du dann sagst – ob es stinkt oder nicht!«

Dann habe ich mich unter dem Bett versteckt. Dort wollte ich eine Ewigkeit bleiben. Meine Eltern brauchten mich sowieso nicht mehr. Das einzige, was jetzt zu Hause zählte, war meine kahlköpfige Schwester.

Wenn sie wenigstens ein paar Haare hätte.

Mama holte mich unter dem Bett vor. Sie hatte begriffen, wie schwer beleidigt ich war.

»Sag mal«, sagte sie, als ob nichts geschehen wäre, »wollen wir beide zusammen Susanne baden?«

»Gern!« Ich nickte und kroch heraus. »Mamaaa, können wir nicht alle zusammen baden in der Badewanne – du, Susanne und ich?«

»Das werden wir später machen, wenn Susanne ein bißchen größer ist. Für die Badewanne ist sie jetzt noch viel zu klein. Schau mal, sie kann noch gar nicht allein sitzen.«

»Du kannst sie doch festhalten, Mama.« Ich gab nicht auf. »Du kannst sie festhalten. Und wenn du müde bist, halte ich sie fest.«

»Das wird nicht gehen«, meinte Mama. »Wir wollen lieber warten, bis sie ein bißchen größer ist.«

»Bitte, bitte, Mama. Alle drei in der Badewanne, das wäre sooo schön.«

»Das weiß ich. Später machen wir das. Bestimmt. Das verspreche ich dir.«

»Na gut.« Ich nickte. »Dann warten wir eben ab. Bis ihr Popo größer wird und sie drauf sitzen kann.«

Dann half ich Mama, Susanne zu baden. Es war sehr lustig, weil Susanne so klein war und so komische Sachen mit ihren Händen und Füßen machte.

Sie planschte im Wasser und machte mich ganz naß.

Seit Susanne da ist, denke ich oft, das schönste auf der Welt ist, ein Baby zu sein.

Ein Baby hat es gut. Alle sind nett zu ihm. Es wird von allen Seiten bewundert. Auch wenn es in die Windeln macht. Keiner schimpft mit ihm. Auch

wenn es nachts stundenlang weint. Ohne jeden Grund. Nur damit wir alle nicht schlafen können. Heute nacht zum Beispiel.

Anstatt es tüchtig zu beschimpfen, wie es sich gehört, trug Papa es durch die ganze Wohnung, schaukelte es und sagte:

»Meine Kleine, was hast du denn?«

»Sie bekommt Zähne«, meinte Mama. »Das tut ihr weh.«

Das stimmt gar nicht. Ich weiß, warum Susanne nachts weint.

Weil sie den ganzen Tag pennt. Dann ist sie nachts natürlich munter. Das ist doch klar. Ich wäre nachts auch ganz munter, wenn ich den ganzen Tag schlafen würde...

Daß Mama und Papa das nicht begreifen, wundert mich sehr. Das Baby tanzt beiden auf der Nase herum. Obwohl es noch gar nicht richtig sitzen kann.

Ich beschließe, auch ein Baby zu werden

Eines Tages beschloß ich, auch ein Baby zu werden. Nur um allen zu zeigen, daß ich auch da bin.

Ich überlegte, wie ich es anstellen könnte. Bald hatte ich es.

Am Sonntagmorgen begann ich, in meinem Bett zu jammern, genau wie Susanne.

»Uaaaaa-uuuuaaaa-uuuuuaaaaaa!«

Ich jammerte und jammerte und wartete, daß jemand käme und mich tröstete. Endlich kam Papa. Aber nicht, um mich zu trösten.

»Bitte mach kein Theater«, sagte er. »Susanne schläft. Willst du sie wecken?«

Ich fragte mich – ist das ein Leben?

Warum bin ich nicht ein Baby geblieben? Warum?

Ich war den ganzen Vormittag lang traurig.

Das mit dem Jammern hatte nicht geklappt. Aber ich hatte dann eine andere Idee.

Eine ganz gute!

Ich zog mir heimlich eine von Susannes Windeln an. Dann nahm ich eine ihrer Milchflaschen mit einem Schnuller.

Ich füllte sie voll Milch und legte mich neben Susannes Wiege auf den Boden. Ich nuckelte heftig an der Flasche.

»Ich bin ein Baby geworden«, rief ich. »Gaga... be-be...«

Mama kam und traute ihren Augen nicht.

»Be-be-be...«

»Schau mal, Papa, schau mal schnell!« rief sie. »Wir haben nicht ein, sondern zwei Babys.«

Endlich hatte sie es begriffen!

»Stimmt«, nickte ich. »Stimmt! Be-be-be!«

Papa kam.

»O Himmel. Das ist aber ein sehr großes Baby.«

»Nein, ich bin ganz klein«, sagte ich. »Ich habe

eine Windel um. Ich kann noch gar nicht sprechen.«

»So? Du kannst gar nicht sprechen?«

»Nein ... Be-be-be-be ...«

»Dann muß ich dich ein bißchen herumtragen«, sagte Papa, »weil du so ein kleines Baby bist.«

Er hob mich hoch in die Luft. Das gefiel mir so gut, daß ich laut quietschte:

»Aguuuu-guuu-aguuu ...«

»Hurraaa!« rief Papa. »Ein neues Baby ist da. Hurraaa! Noch ein Baby.«

Dann fragte er: »Gefällt es dir, ein Baby zu sein?«

»Ja, sehr.«

»So habe ich dich früher getragen«, erklärte mir Papa. »Als du ganz klein warst. Manchmal stundenlang, wenn du geweint hast.«

»Wirklich?« fragte ich.

»Sicher.«

»Hattet ihr mich genauso lieb wie meine Schwester?«

»Noch mehr. Du warst ja unser erstes Baby.«

Als ich das hörte, lachte ich zufrieden und wollte kein Baby mehr sein.

Währenddessen war Susanne wach geworden und weinte leise in ihrer Wiege vor sich hin.

»Papa«, rief ich, »ich will Susanne tragen, ich habe sie sooo lieb!«

»Na gut.« Papa nickte und holte mir Susanne aus der Wiege.

»Weine nicht, du Kleine...«, sagte ich zu ihr und nahm sie in meine Arme. »Ich bin dein großer Bruder und beschütze dich.«

Susanne wurde plötzlich ganz still.

Sie schaute mich mit großen, staunenden Augen an und ... lachte. Zum erstenmal in ihrem Leben.

Wie ich wegen Susanne einen Verweis und einen Fünfer kriegte

Meine kleine Schwester Susanne beschäftigt mich sehr. Auch in der Schule. Weil ich so oft an sie denke. Ich weiß nicht, warum.

Sie krabbelt nicht nur zu Hause herum. Sie krabbelt auch durch meine Gedanken.

Was macht sie jetzt? Ob sie weint oder schläft? Ob sie wieder die Hose voll hat?

Ihretwegen habe ich einmal in der Schule einen Verweis bekommen. Und auch einen Fünfer.

Das kam so: Wir hatten Deutsch, und die Lehrerin erklärte uns die Hauptwörter. Weil es in der deutschen Sprache so viele Wörter gibt, gibt es auch viele Hauptwörter. Wie viele es genau sind, weiß ich jetzt nicht. Aber die Lehrerin sagte, daß *der Mensch* ein Hauptwort ist. *Die Windel,* sagte sie, ist auch ein Hauptwort.

Als sie *die Windel* sagte, begann ich – ich weiß nicht, warum – sofort an Susanne zu denken. Ob sie eine frische Windel hatte?

Da war ich natürlich mit meinen Gedanken plötzlich weit weg.

»Du, woran denkst du?« Mein Freund Peter, der neben mir sitzt, schubste mich plötzlich mit dem Ellenbogen.

»An unser Baby. An Susanne.«

»Und ... was denkst du?« wollte er wissen.

»Ob sie eine frische Windel hat.«

»Meinst du, sie hat schon wieder in die Hose gemacht?«

»Sie macht ununterbrochen in die Hose.«

»Kann sie denn nicht sagen, wenn sie muß?«

»Nein. Sie ist viel zu klein.«

»Dann stinkt es sicher bei euch fürchterlich.«

»Manchmal. Wenn Mama ihr die Windel wechselt.«

»Warum bringst du ihr nicht bei, zu sagen, wenn sie muß?«

»Weil sie noch viel zu klein ist.«

»Kann sie schon krabbeln?«

»Natürlich kann sie krabbeln. Sie krabbelt schon wie ein Käfer. Sie krabbelt durch die ganze Wohnung.«

»Dann ist sie nicht mehr so klein«, meinte Peter. »Dann kannst du ihr beibringen zu sagen, wenn sie muß.«

»Das glaube ich nicht. Sie kann ja noch gar nicht reden. Sie sagt nur aaaaa und ooooo und aaaauuuu ...«

»Das meine ich doch! Sie soll a-a sagen, wenn sie muß. Ich habe einmal ein Baby gesehen, das krabbelte und schon a-a sagte, wenn es mußte.«

»Das glaube ich nicht.«

»Doch. Du mußt es ihr nur beibringen.«

»Wie soll ich das machen?«

»Du mußt ihr zeigen, daß sie drücken soll. Und ihr gleichzeitig alles vormachen. Du mußt a-a und uuuuu rufen, bis sie es kapiert.«

»Sag mal, Peter, hast du heute nach der Schule Zeit?«

»Warum?«

»Damit du mit mir nach Hause kommst und mir zeigst, wie ich Susanne beibringen soll, uns Bescheid zu sagen, wenn sie muß. Gute Idee, oder?«

»Gut, ich komme.« Peter nickte.

Gerade als Peter dies gesagt hatte und ich mich darüber freute, hörten wir die Stimme unserer Lehrerin:

»Und jetzt, Kinder, werden uns Peter und Klaus sagen, was wir in dieser Stunde gelernt haben. Wer will beginnen?«

Sie meinte Peter und mich. Ich bin ja der einzige Klaus in der Klasse. Und Peter ist der einzige Peter.

Ich schaute Peter an.

Hauptwörter:
Giraffe
Windel

Peter schaute mich an.

Ich war sehr dafür, daß er den Anfang machte. Aber an seinem Blick sah ich, daß er es sehr gern gehabt hätte, wenn ich beginne.

»Na, ihr beiden?« fragte die Lehrerin. »Worüber habe ich heute gesprochen?«

Ich schaute wieder Peter an. Und Peter schaute wieder mich an.

Ich flüsterte ihm zu: »Weißt du, worüber sie gesprochen hat?«

Er flüsterte zurück: »Nein. Und du?«

»Ich auch nicht.«

»Und was machen wir jetzt?«

»Sag mal, möchtest du nicht anfangen?«

»Nein. Und du?«

»Ich auch nicht!«

»Wer will nun beginnen?« fragte unsere Lehrerin wieder.

»Peter. Peter soll beginnen...«, meinte ich leise.

»Warum denn ich? Er soll beginnen«, sagte Peter.

Jetzt mußte ich etwas sagen.

»Sie haben gesprochen...« Ich machte eine Pause. »Wir haben gesprochen...« Ich machte eine noch längere Pause.

»Worüber haben wir gesprochen?« Meine Lehrerin wollte mir helfen. »Kannst du dich nicht erinnern, worüber wir gesprochen haben?«

»Doch, doch. Aber ich kann es nicht so genau sagen.«

»Wir haben etwas über die Hauptwörter gelernt«, sagte unsere Lehrerin.

»Stimmt! Stimmt!« Ich nickte eifrig. »Wir haben über Hauptwörter gesprochen.«

»Kannst du mir denn ein Beispiel nennen? Der Löwe frißt die Giraffe. Welches Wort ist hier das Hauptwort?«

Hmmm! Das fehlte mir noch.

Der Löwe frißt die Giraffe. Welches Wort ist hier das Hauptwort? Ich überlegte scharf.

Der Löwe frißt die Giraffe.

Der Löwe frißt die Giraffe.

Der Löwe frißt die Giraffe.

Plötzlich war es mir klar. Was macht der Löwe hauptsächlich, sein ganzes Leben lang? Er frißt Giraffen.

Er frißt Giraffen, überall, wo er sie findet.

Dann muß *fressen* das Hauptwort sein.

»*Fressen!*« rief ich. »Das Hauptwort ist *fressen.*«

Die Lehrerin wandte sich jetzt an Peter. »Und du?« fragte sie, »was meinst du?«

»Ich stimme ihm zu!« erklärte Peter. »Wir wissen alle, daß die Hauptbeschäftigung des Löwen das Fressen ist. Die Löwen fressen alles, was sie finden. Darum ist *fressen* ihr Hauptwort.«

»Ich glaube«, rief ich, erfreut und erleichtert, weil Peter mich so stark unterstützt hatte, »ich glaube, ein Löwe kann sogar zehn Giraffen pro Tag fressen, wenn er es nur will. Stimmt's?«

»Stimmt!« nickte Peter.

Wir schauten erwartungsvoll unsere Lehrerin an.

»So, so, zehn Giraffen...«, sagte sie. »Für euch beide müßte ich jetzt eine Zehn notieren. Doch einen Zehner als Note gibt es ja nicht. Aber da ihr zwei seid, werde ich diesen Zehner zwi-

schen euch aufteilen. Jeder bekommt einen Fünfer. Und weil ihr beide die ganze Zeit geschwatzt und den Unterricht gestört habt, bekommt jeder noch einen Verweis.«

So kriegten wir beide – Peter und ich – wegen Susanne einen Verweis. Und auch je einen Fünfer. Das Leben ist wirklich ungerecht.

Dann erklärte die Lehrerin, daß es in diesem Satz nicht ein, sondern ganze zwei Hauptwörter gibt. *Der Löwe.* Und *die Giraffe.*

Warum *die Giraffe* ein Hauptwort sein soll, ist mir bis heute nicht ganz klar.

Der Löwe hatte sie doch gefressen.

Auto-Auto

Seit meine kleine Schwester Susanne sitzen und auch krabbeln kann, will sie nicht mehr in ihrem Bettchen bleiben. Sie will, daß Mama sie trägt.

Sie will aus ihrem Bettchen raus.

Ich trage sie manchmal durch die ganze Wohnung. Und zeige ihr die Zimmer. Das ist unser Wohnzimmer. Das ist die Küche. Das ist mein Zimmer. Susanne ist aber so schwer geworden, daß ich sie nicht sehr lange herumtragen kann. Nicht so lange, wie sie es will. Wenn ich sie so lange tragen würde, wie sie es will, könnte ich gar nicht mehr spielen. Dann hätte ich auch keine Zeit für meine Hausaufgaben.

Deshalb sage ich zu ihr: »Susannchen, so geht es nicht. Ununterbrochen kann ich dich nicht tragen. Wenn ich dich ununterbrochen herumtrage – wer schreibt mir meinen Hausaufsatz? Du mußt das verstehen, Susannchen. Ich trage dich gern, aber nicht so lange. Nur kurz, ja?«

Sie sagt dann: »Auto-Auto.«

Warum sie seit einigen Tagen Auto zu mir sagt, weiß kein Mensch. Aber sie sagt es immer wieder, wenn sie mich sieht.

»Auto-Auto ...«

»Ich bin kein Auto. Ich bin ein Mensch.«

»Auto ...«

»Ich bin kein Auto, Susannchen. Ich bin dein Bruder.«

»Auto.«

»Ich heiße Klaus. Und nicht Auto.«

»Auto.«

»Klaus! Klaus! Nicht Auto!« erkläre ich ihr ganz geduldig.

Sie strahlt mich an, zappelt mit den Händen und sagt wieder: »Auto.«

Soll ich jetzt wie ein Auto brummen? Damit sie sich freut?

Gute Idee, denke ich und fange sofort an, wie ein Auto zu brummen. Brrrrr – brrrrrrr!

»Hörst du, Susannchen? Auto – Auto brrrrrrummmm!«

»Auto!« sagt sie. »Auto!« Und zappelt wie eine Verrückte.

Mensch, jetzt ist mir alles klar. Sie will vielleicht, daß ich ihr ein Auto schenke. Weil sie noch keines hat. Alle schenken ihr immer nur Puppen oder Plüschtiere.

Oma Mia hat ihr einen Kuschelbären geschenkt. Und Oma Nelly eine Kuschelpuppe. Außerdem hat sie noch viele Strampler und auch einen grünen Frosch aus Stoff, drei Bären und eine Plüschente geschenkt bekommen. Aber kein einziges Auto.

Das Auto wünscht sie sich jetzt sicher von mir. Darum sagt sie immer zu mir Auto – Auto.

»Gut, Susanne«, rief ich, »ich werde dir ein Auto schenken. Ich schenke dir eins von meinen Spielautos. Was für ein Auto möchtest du haben – rot, blau oder grün? Oder vielleicht gelb?«

Susanne sagte nichts.

»Welche Farbe soll das Auto haben?« fragte ich wieder.

Sie sagte nur: »Auto.«

Jetzt war mir klar, daß sie sich nur ein Auto wünschte. Welche Farbe – das war ihr egal.

Ich ging ins Kinderzimmer und wählte eins von meinen Autos für Susanne aus. Ich brachte es ihr ans Bettchen und sagte: »Du läßt mich aber später auch mit dem Auto spielen. Weil ich es dir geschenkt habe, nicht wahr?«

Sie lachte, und es war mir klar: Sie war einverstanden. Gott sei Dank – es war ja mein schönstes Auto.

Der Laufstall

Eines Tages sagte Papa, Susanne brauche einen Stall. Weil sie so groß geworden sei.

»Ihr Bettchen«, sagte er, »ist viel zu klein zum Spielen.«

»Stimmt«, nickte Mama, »sie braucht einen Stall.«

Ich wunderte mich sehr. In was für einen Stall wollten meine Eltern Susannchen stecken? Ich war sogar erschrocken.

»Sie braucht keinen Stall!« rief ich. »In einem Stall leben nur Hunde, wie jeder weiß. Nein, Hunde haben einen Zwinger. Aber jetzt fällt es mir ein: In einem Stall leben Esel und auch Kühe – aber keine Kinder! Ich erlaube nicht, daß ihr Susannchen in einen Stall steckt.«

Papa lachte. »Es ist kein richtiger Stall. Susanne bekommt einen Laufstall. Damit sie nicht überall herumkrabbelt. Du hattest auch einen Laufstall.«

»Wirklich? Wo ist er denn?«

»Den haben wir längst verkauft. Deshalb müssen wir für Susanne einen neuen kaufen.«

»Susanne wird sich freuen«, meinte Mama. »Wo stellen wir ihn aber auf?«

»Natürlich im Wohnzimmer«, sagte Papa. »Oder hast du einen besseren Vorschlag?«

»Was ist das überhaupt – ein Laufstall?« wollte ich wissen.

»Das wirst du sehen«, sagte Papa, »wenn wir ihn kaufen. Es sind vier Holzgitter, die man wie einen Zaun zusammenschraubt. Drin hat das Baby Platz zum Spielen.«

Am Samstag gingen wir alle zusammen den Laufstall kaufen. Susanne kam auch mit – im Kinderwagen. Ich schob ihn stolz vor mir her. Wie es sich für einen großen Bruder gehört. Sie ist ja *meine* Schwester.

Zum Glück trafen wir zwei Kinder aus meiner Klasse. »Mensch, ist das euer Baby?« riefen sie und stürzten sich auf Susannes Kinderwagen. Ich glaube, sie waren neidisch.

Mama suchte für Susanne einen grünen Laufstall aus. Wir fanden ihn alle sehr schön. Sein Holzgitter war glatt geschliffen, und alle Kanten waren abgerundet.

Mama sagte: »Das ist sehr gut. So kann Susanne sich nicht verletzen, wenn sie gegen das Gitter stößt.«

Das Holz war auch lackiert. Es glänzte schon von weitem. Der Laufstall hatte einen weichen, gepolsterten Boden aus Plastik, grün wie Gras mit kleinen gelben und roten Blümchen, wie eine Wiese.

»Susanne, jetzt hast du nicht nur einen Laufstall«, rief ich, »jetzt hast du auch eine Spielwiese.«

Susanne strahlte mich an und sagte: »O-oh, Wiese – Wiese ...«

Ich sagte: »Grün ... grün ...«

»Güüüüün-güüüüüün ...«

»Nicht gün-gün, sondern grün-grün. Du hast jetzt eine grüne Spielwiese.«

»Neee Wiese, neee Wiese ...«

Dann fuhren wir nach Hause. Im Wohnzimmer baute Papa Susannes Laufstall auf. Er schraubte die vier Holzgitter zusammen. In die Mitte legte er den weichen Plastikboden, der wie eine blühende Wiese aussah.

»Papa, habe ich als Baby auch so einen schönen Laufstall gehabt?« wollte ich wissen.

»Du hattest einen ohne Boden. So schöne wie heute gab es damals nicht.«

Wir legten auch Spielsachen in den Laufstall. Dann setzten wir Susanne hinein und dachten, sie würde sich riesig freuen.

»Jetzt werde ich endlich meine Ruhe haben«, sagte Mama.

»Das glaube ich auch«, meinte Papa.

»Schau mal, wie schön sie drin spielt!« rief ich.

Das stimmte. Aber nicht lange.

Als Mama und Papa weggingen, um eine Nachbarsfamilie zu besuchen, und ich meine Hausaufgaben machen wollte, begann Susanne zu jaulen. Sie wollte nicht mehr in dem Laufstall bleiben.

»Ruhe!« sagte ich zu ihr. »Bitte Ruhe!«

Das hätte ich besser nicht sagen sollen. Denn sie begann sofort zu weinen. Immer lauter und lauter.

»Bitte, Susanne. Im Laufstall ist es doch sooo schön. Krabble drin.«

Sie wollte aber raus. Sie drückte ihr Köpfchen gegen die Holzstangen und schrie wie am Spieß.

Ich mußte sie aus dem Stall herausnehmen.

Als sie draußen war, beruhigte sie sich sofort und begann herumzukrabbeln. Sie lachte wieder.

Als ich sie aber zurück in den Laufstall setzen wollte, fing sie wieder an zu weinen. Sie sträubte sich mit Händen und Füßen dagegen.

Ich versuchte, ihr gut zuzureden. »Schau mal, Susannchen, warum stellst du dich jetzt so an?

I love you

Für wen haben wir den schönen Laufstall gekauft? Für dich oder etwa für mich? Wenn du nicht darin krabbeln möchtest, dann gehe ich rein. Ich setze mich hinein und mache dort meine Hausaufgaben. Hast du mich verstanden?«

Ich versuchte noch einmal, sie in den Laufstall zu bringen. Sie krabbelte aber wie eine Rakete weg.

»Jetzt werde ich dich fangen. Ich werde dich fangen!«

Ich krabbelte jetzt auch – hinter Susanne her.

»Oooooh – oooooh – fafa – gaga-ohhh . . .«

Manchmal spricht sie so komische Sachen. Kein Mensch kann sie verstehen.

Ich versuchte, sie in die Nähe des Laufstalls zu locken.

Sie machte aber einen immer größeren Bogen um ihn herum.

»Schluß jetzt. Du kommst in deinen Laufstall, verstanden?«

Sie begann sofort wieder zu weinen. So laut sie nur konnte. Es war mir sonnenklar: Sie wollte nicht in den Laufstall, obwohl es ihr Laufstall war.

»Na gut. Wie du willst. Dann ist dein Laufstall jetzt mein Laufstall. Weil du ihn nicht willst!« sagte ich, nahm meine Schulsachen und setzte mich rein.

So fanden uns Mama und Papa: Ich saß im Laufstall, und Susanne krabbelte in der Wohnung herum.

»Warum sitzt denn du im Laufstall?« fragten sie ziemlich erstaunt.

»Weil Susanne nicht drin sitzen möchte«, erklärte ich. »Und irgend jemand muß ja drin sitzen. Wozu haben wir ihn denn sonst gekauft?«

Wie Susanne ein Kleinkind wurde

Stellt euch nur vor: Seit gestern ist meine Schwester Susanne kein Baby mehr. Seit gestern ist sie ein Kleinkind. Weil sie jetzt laufen kann. Ein Baby, das laufen kann, ist kein Baby mehr, wie jeder weiß. Ein Baby, das laufen kann, ist schon ein Kleinkind.

Ich habe euch erzählt, daß sie in der letzten Zeit wie ein Käfer krabbelte. Immer schneller und schneller. Mit hochgestrecktem Popo.

Dann fing sie an, wenn sie beim Krabbeln auf eine Wand stieß, an der Wand aufzustehen. Und das überall. In der Küche, im Wohnzimmer, im Schlafzimmer. Alle Wände in unserer Wohnung sind seit dieser Zeit voller Abdrücke von ihren Fingern und Händen.

Und gestern ließ sie plötzlich die Wand los und machte drei Schritte. Sie fiel um, aber das machte ihr gar nichts aus. Sie krabbelte wieder zu der Wand, richtete sich auf und machte wieder drei Schritte. Sie strahlte dabei und freute sich riesig.

Ich habe ihre ersten Schritte als erster gesehen.

»Mamaaaaa! Schnell, schnell, schau mal, Susanne kann laufen!« rief ich.

Mama kam aus der Küche gelaufen. »Wirklich?«

»Sie hat gerade drei Schritte gemacht. Susanne, zeig mal, was du kannst. Zeig es Mama.«

Ich glaube, Susanne hat mich sofort verstanden, denn sie krabbelte schnurstracks zur Wand, richtete sich auf und strahlte uns an. Dann ließ sie die Wand los und machte vier Schritte auf mich zu.

»Mein Gott, das Kind kann wirklich schon laufen!« rief Mama.

Ich nickte stolz, als ob ich gerade laufen gelernt hätte, und sagte: »Papa wird sich heute abend aber wundern!«

Susanne war ganz aufgeregt. Obwohl sie ununterbrochen umfiel, stand sie sofort wieder auf und machte zwei bis drei Schritte – bis sie erneut umfiel.

So ging das einen ganzen Nachmittag lang.

Ich glaube, sie war sehr stolz darauf, daß sie kein Baby mehr war. Sondern ein Kleinkind.

Susannes Zähne

Susanne konnte jetzt laufen, aber stellt euch nur vor: Sie hatte noch keine Zähne. Warum – das wußte keiner. Ich machte mir schon große Sorgen. Würde sie überhaupt Zähne bekommen?

Wenn nicht, dann müßte sie zum Zahnarzt. Dort würde sie eine Zahnprothese bekommen. Oder sollte ihr vielleicht unser kleiner Opa seine dritten Zähne leihen? Wir haben zwei Opas, den kleinen und den großen. Ich überlegte und dachte dann, daß das nicht geht, weil Opas Mund viel größer ist als Susannchens. Und der kleine Opa brauchte ja seine dritten Zähne selber.

Mama sagt, manche Kinder bekommen ihre ersten Zähne erst spät. Aber – wie spät? Das ist die Frage. Ich habe Kinder gesehen, die viel kleiner waren als Susanne. Einige hatten vier, andere sogar acht Zähne. Bei zwei Babys habe ich selbst in den Mund geschaut und die Zähne gezählt. Als ihre Mütter beim Gemüsehändler einkaufen wollten. »Ich passe auf Ihr Baby auf!« schlug ich vor, und als sie in den Laden gingen, zählte ich schnell die Zähne nach.

»Eins – zwei – drei – vier.«

Wirklich. Vier Zähne hatte das erste. Obwohl es im Wagen lag und noch nicht sitzen konnte.

Menschenskind, wann würde Susanne endlich ihre Zähne bekommen?

Gerade als ich mir die größten Sorgen wegen ihrer Zähne machte, hat sie sie gekriegt. Fünf auf einmal. Zwei von oben und drei von unten. Bald darauf kamen noch mehr. Die arme Susanne weinte drei Tage und bekam auch Fieber.

Mama sagt, es tut sehr weh, wenn so viele Zähne auf einmal kommen.

»Arme Susanne«, sagte ich. »Es ist schlimm, daß sie so schwer kommen. Aber wenn sie endlich da sind, dann wirst du lachen, denn dann wirst du ja Zähne haben. Ist das nicht schön? Und du wirst sicher viel besser sprechen können als jetzt, weil man mit Zähnen alle Wörter besser aussprechen kann, wie jeder weiß. Stimmt's?«

Susanne jaulte.

Als Susannes Zähne endlich da waren, sagte Papa: »Jetzt fahren wir alle in Urlaub.«

Wir brauchten ihn sehr. Susanne, weil sie die Zähne bekommen hatte, und wir alle, weil wir ihr ständiges Jammern ausgehalten hatten.

Wir flogen nach Griechenland, auf eine Insel. Die hieß Mykonos.

Dort war alles weiß: Die Straßen, die Häuser, die Kirchen und auch die Windmühlen. Sogar die Stämme der Straßenbäume waren geweißelt. Nur die griechischen Frauen saßen schwarz gekleidet vor ihren Häusern. Sicher, weil Schwarz zu Weiß so gut paßt.

Auf der Insel wurden Susannes Zähne immer größer und auch sehr, sehr weiß. Ich freute mich sehr für Susannchen. Nur eines machte mir zu schaffen – Susanne begann zu beißen. Sie wollte ihre Zähne überall ausprobieren.

Einmal lag ich am Strand neben Papa und Mama. Mama hatte mich gerade eingeölt, damit ich keinen Sonnenbrand kriegte. Susanne spielte im Sand neben mir.

›Ich will jetzt ein bißchen lesen‹, dachte ich und öffnete das Buch ›Ich und meine Schwester Klara‹. Mama hatte es mir geschenkt, weil ich auch eine Schwester habe. Ich las gerade die Geschichte mit der Torte, als ich mehrere

schreckliche Zähne an meiner Wade spürte. War das ein Hund, ein Wolf oder vielleicht ein Haifisch?

»Oooooooh!«

Es war Susanne. Sie hatte sich, wer weiß warum, an meiner Wade festgebissen.

»Bist du denn verrückt geworden?« rief ich. »Mamaaaa, sie beißt mich!«

Mama sprang auf und zog Susanne weg. Susanne biß aber Mama in die Hand.

»Susanne, so was tut man nicht. Das tut ja weh!«

Susannchen lachte und klapperte mit den Zähnen. Ich glaube, sie war stolz darauf, daß sie die Zähne hatte.

Wollte sie sie ausprobieren? Oder – einfach zeigen?

In der folgenden Urlaubswoche biß Susanne vier Kinder, die mit ihr spielen wollten. Ein Mädchen hatte ich gewarnt: »Komm ihr nicht zu nahe, sie beißt . . .«

Aber das Mädchen glaubte es mir nicht, weil Susanne so harmlos und lieb aussieht. Sie gab Susanne viele Küßchen und wollte, daß Susanne ihr auch Küßchen gibt. Susanne hat sie natürlich gebissen. Das Mädchen lief weinend zu seinen Eltern.

Ich begann, mit Susanne zu schimpfen. »Du darfst nicht beißen! Verstehst du das nicht? Du bist kein Hund.«

Ich glaube aber, sie verstand mich nicht.

Menschenskinder, ich sage euch, ich überlegte mir damals wirklich, ob wir ihr nicht ein Schild um den Hals hängen sollten:

»Vorsicht – bissiges Kind!«

Das Spielkalb

Wenn man eine kleine Schwester hat, dann muß man viel mit ihr spielen. Denn kleine Schwestern spielen so gern.

Auch Susanne will ununterbrochen spielen. Von morgens bis abends. Und das jeden Tag.

Weil sie abends sehr früh ins Bett geht, wacht sie auch jeden Morgen sehr früh auf. Und dann wehe allen, die schlafen. Sofort kommt sie zu mir und schreit: »Wach auf! Wach auf! Spielen ... komm spielen.«

»Es geht nicht, Susannchen ...«

»Doch, doch ...«

»Es geht nicht. Ich muß in die Schule.«

»Nein ... spielen ... spielen.«

»Möchtest du ein Weilchen neben mir kuscheln?«

»Ja ... kuscheln, kuscheln ...«

Und tap-tap, klettert sie schnaufend und ächzend ins Bett. Dann kuschelt sie sich fest an mich und streichelt mein Gesicht mit ihren winzigkleinen Händen. Dabei sagt sie ununterbrochen mit ihrer piepsigen dünnen Stimme: »Ei . . . ei . . . ei . . . ei . . .« Bei jedem Streicheln ein »ei«.

Dann denke ich, so eine kleine Schwester zu haben ist das Schönste auf der Welt. Schade, daß ich in die Schule muß.

Susanne hat so kleine Finger, sage ich euch. Dünn wie Regenwürmer. Die bewegt sie ununterbrochen. Sie zappelt mit Händen und Füßen und kann nicht eine Sekunde ruhig bleiben.

Seit gestern sage ich zu ihr Zappel-Susi. »Na, Zappel-Susi, wie geht es dir?«

Sie ist gar nicht beleidigt. »Schau, da, schau da...«, sagt sie und zieht mich an der Hose.

»Willst du mir was zeigen?«

»Schau, schau ... da ... da...«

Sie zieht mit allen ihren Kräften an mir. Es muß etwas sehr Wichtiges sein. Ich staune, wie stark sie ist.

»Zieh nicht so, ich komme ja schon«, sage ich und lasse mich schleppen, wohin sie will. Und was denkt ihr, ist das Wichtige, das sie mir zeigen will? Ein weißer Faden, der in der Ecke liegt.

»Schau, da! Uiiii!«

Ich hebe den weißen Faden auf und will ihn in den Mülleimer werfen. Was soll ich sonst damit anfangen?

Sie geht mit wackeligem Schritt neben mir, mit dem wackeligen Schritt einer Ente. Ihr Gesicht strahlt. Doch als sie merkt, daß ich den blöden Faden wegwerfen will, schmeißt sie sich auf den Boden und schreit.

Mama ruft aus dem Schlafzimmer: »Was machst du mit dem Kind?«

»Nichts mache ich.«

»Warum weint sie dann so?«

»Wegen eines blöden Fadens. Sie will ihn haben.«

»Dann gib ihr den Faden.«

»Na gut!«

Ich gebe ihr den Faden. Und was macht sie damit? Sie steckt ihn in den Mund.

Ich rufe sofort entsetzt: »Mamaaaa, sie steckt ihn in den Mund. Einen ganz langen Faden. Vielleicht verschluckt sie ihn!«

Ich schnappe schnell nach dem Ende des Fadens, das aus Susannes Mund hängt. Ich ziehe daran. Sie zieht aber zurück, wie ein kleines Kälbchen. Und schreit wie am Spieß. So kämpfen

wir. Bis Mama angelaufen kommt und Susanne auf den Arm nimmt.

Von Mamas Arm schaut Susanne mich dann von oben herab an und kaut siegesbewußt an dem Faden.

»Na«, sagt ihr Blick, »hast du gesehen? Wenn ich schreie, kann ich alles erreichen.« Und kaut quietschvergnügt weiter an dem Faden. Als ob sie die köstlichste Speise der Welt im Mund hätte. Ihr Gesicht ist aber noch tränennaß.

Mensch, warum ist sie manchmal so dumm?

Mama erklärt mir: »Kleine Kinder sind eben so. Sie stecken alles in den Mund, um es zu erforschen. Du warst auch so.«

Das wirft mich um. Ob das wirklich stimmt? Manchmal denke ich, so dumm war ich sicher nicht. Oder doch?

Das weinende Flugzeug

Es war im Juni, als wir einen Anruf von Onkel Johannes bekamen. Onkel Johannes ist der Bruder meines Vaters und lebt in den USA. Er verwaltet Ferienwohnungen auf der Insel Marco Island in Florida.

»Kommt doch im August zu mir«, sagte er zu meinem Vater. »Ich kann euch kostenlos eine schöne Wohnung zur Verfügung stellen. Im August ist hier sowieso alles leer. Es gibt auch ganz billige Flugkarten. Ihr könnt einen ganzen Monat bei mir bleiben. Ist das nicht eine gute Idee?«

So beschlossen wir, zu Onkel Johannes zu fliegen, um die kostenlose Wohnung und die billigen Flüge auszunutzen.

Nur Mama hatte Bedenken. Wie würden wir mit Susanne fliegen?

»Sie wird schlafen«, meinte Papa. »Sie wird sicher schlafen.«

»Das weiß ich nicht«, sagte Mama. »Wenn sie zu müde ist, kann es schwierig werden.«

Wir beschlossen aber, trotzdem zu fliegen.

Denn so ein tolles Angebot kommt von Onkel Johannes nicht jedes Jahr.

Papa bestellte sofort die billigen Flugkarten, damit wir sie noch billiger kriegten. Dann kam er stolz nach Hause und sagte: »Ich habe sie gekriegt. Billiger geht es nicht.«

Ich habe Susanne die Neuigkeit sofort verkündet. »Wir fliegen zu Onkel Johannes, Susannchen. Über den großen Teich, nach Amerika.«

Sie hat mich nicht verstanden. Sie lachte nur und sagte: »Onkel, Onkel.«

»Das ist kein gewöhnlicher Onkel. Es ist ein Onkel, der weit, weit weg von hier wohnt. Und wir werden zu ihm fliegen, mit einem Flugzeug. So...« Ich breitete die Arme aus und fing an zu brummen, damit Susanne mitkriegte, daß wir fliegen würden. Dann lief ich so im Kreis. »Schau mal, Susanne. Wir werden fliegen ... so...«

Jetzt hatte sie mich endlich verstanden. Denn sie spielte auch Flugzeug und lief hinter mir her im Kreis.

Unser Kater kriegte einen Schreck, und Papa fragte ärgerlich: »Warum macht ihr beide so furchtbaren Krach?«

»Das ist kein Krach«, erklärte ich ihm. »Wir spielen zwei Flugzeuge, die nach Amerika fliegen.«

Donald Duck
MUSIK

In der Nacht vor der großen Reise konnte ich natürlich vor Aufregung nicht schlafen. Susanne schlief wie ein Murmeltier, obwohl sie ganz genau wußte, daß wir morgen fliegen würden. Sie tat so, als würde sie jeden Tag irgendwohin fliegen und als wäre unser Vater ein Flugkapitän.

›Die hat aber starke Nerven‹, dachte ich. ›Mensch, hat die starke Nerven!‹

Zum Flughafen fuhren wir mit einem Taxi. Dann stiegen wir in ein riesengroßes Flugzeug. Und als wir drin waren, begriffen wir, warum die Flugkarten so billig waren. Die Sitze waren klein und eng; sehr viele nebeneinander. Und das Flugzeug war natürlich überfüllt. Es gab viele so kluge Leute wie uns, die ganz billig nach Amerika fliegen wollten.

Weil Susanne keine Flugkarte hatte, bekam sie natürlich keinen Sitzplatz. Mama mußte sie auf den Schoß nehmen.

Wir flogen und flogen und flogen. Der Flug nahm kein Ende. Und irgendwann, mitten in diesem unendlichen Flug, begann Susanne zu weinen. Zuerst leise vor sich hin. Dann immer lauter und lauter. Nichts konnte sie beruhigen.

Dann begann noch ein Kind zu weinen, das drei Reihen hinter uns saß. Es wurde sicher so traurig, weil Susanne so traurig war.

Plötzlich begann noch ein Kind zu weinen, das vor uns saß. Dann begannen gleichzeitig zwei schwarze Kinder zu weinen. Ganz schrecklich laut. Papa, Mama und ich, wir waren entsetzt.

»Susanne«, flüsterte ich, »bitte, weine nicht, denn alle Kinder machen es dir nach.«

Meint ihr, sie hat mir zugehört? Ganz und gar nicht. Sie weinte weiter: »Uuuuu – uuuuuu – uuuuuuaaa!« Und dann geschah das Furchtbarste. Auf einmal weinte das ganze Flugzeug.

»Uuuuu – uuuuu – uuuuuuuaaaaaaa...«

Keiner konnte die Kinder beruhigen. Die Eltern schaukelten sie in den Armen. Die Stewardessen brachten Cola, Bonbons, holten bunte Stifte und Spielzeug.

»Uuuuuu – uuuaaaaa ... uuuuuuuuaaa ...«

Es half nichts. Gar nichts.

Ich ließ Susanne weinen und hielt mir beide Ohren zu. Es war nicht auszuhalten. Als wir landeten, weinten die Kinder immer noch.

Ich glaube, man hat auf dem Flughafen das Weinen schon vor der Landung gehört.

Warte, Vogel, warte!

Auf Marco Island war es schön. Sogar sehr, sehr schön.

Onkel Johannes verwaltete sehr viele Ferienhäuser, die reichen Amerikanern gehörten. Daher waren auch die Gärten sehr schön. Und die Häuser erst. Und der weite weiße Strand.

Aber es war auch sehr, sehr heiß. Und das war nicht so schön. Andererseits aber doch. Weil der Strand leer war.

»Im November und Dezember«, erklärte uns Onkel Johannes, »liegen die reichen Amerikaner eng nebeneinander wie die Sardinen am Strand, genauso wie bei uns im Hochsommer in der Badeanstalt.«

Jetzt war es aber nicht so. Und Mama meinte: »Das ist sehr schön.«

Onkel Johannes hat uns alles gezeigt. Auch einen Supermarkt, wo wir einkaufen konnten.

Dieser Supermarkt war riesengroß. Sicher zehnmal so groß wie unser Supermarkt zu Hause. Alles war riesengroß. Sogar die Einkaufswagen. Mit so einem riesengroßen Einkaufswagen

STAR
STAR
SUN

schämt man sich, wenig zu kaufen. Es gab dort auch eine riesengroße Abteilung mit Sonnenschutzmitteln. Und weil es draußen so warm war, kaufte Mama natürlich Sonnenschutzmittel.

Als wir zurück zu Onkel Johannes kamen, packte Papa die Tüten aus und sagte: »So viele Sonnenschutzmittel werden wir sicher in den nächsten zehn Jahren nicht verbrauchen können.«

Mama schaute sich die Tuben und Flaschen an und meinte: »Ich weiß selber nicht, warum ich so viel eingekauft habe.«

»Das kommt vom Einkaufswagen, Mama«, rief ich. »Bei so riesengroßen Einkaufswagen – da muß man einfach viel einkaufen.«

Onkel Johannes lachte. »Das stimmt«, sagte er.

Weil es in Florida so warm ist, haben alle Gebäude Klimaanlagen. Das bedeutet, daß es drin kühl ist. Im Supermarkt war es sogar richtig kalt. So waren wir alle froh, wieder draußen zu sein, um uns aufzuwärmen.

Wir rieben uns gut mit Sonnenschutzmittel ein. Dann sagte Mama: »Jetzt gehen wir zum Strand.«

Der Strand war weiß und wunderschön. Es gab sehr viele Muscheln im Sand. Toll zum Muschelnsammeln und zum Spielen. Es waren auch viele

Möwen da. Und Pelikane mit großen Schnäbeln. Die flogen über dem Meer und fischten. Wenn sie einen Fisch sahen, stürzten sie sich senkrecht ins Wasser. Wie Steine. Die großen Schnäbel aufgerissen. Sie plumpsten ins Wasser und tauchten unter.

Und wenn sie auftauchten, hatten sie fast immer einen großen Fisch im Schnabel, den sie sofort verschluckten. Dann flogen sie wieder in die Luft, schwebten auf der Stelle und beobachte-

ten das Wasser. Und dann wieder: Plumps! Wie ein Stein nach unten.

Es war ein großes Schauspiel. Aber Susanne interessierte das gar nicht. Sie war von dem Sand fasziniert und von den vielen Muscheln. Und auch vom Wasser. Sie konnte sich ans Meer gar nicht mehr erinnern. Weil sie noch so klein war, als wir in Griechenland Ferien machten.

»Susannchen, schau dir den Vogel an!«

Sie hörte mir gar nicht zu.

Die Möwen beobachteten uns aus einigem Abstand. Sie waren sicher neugierig, weil wir die einzigen Leute am Strand waren.

»Die Möwen halten immer Abstand vom Menschen«, erklärte Papa. »Einen Sicherheitsabstand. Sie kommen nicht zu nahe, aber sie laufen auch nicht weg.«

Das hatte ich schon bemerkt. Wenn ich zu einer Möwe ging, um sie aus der Nähe zu beobachten, ging sie immer ein Stück zurück. Der Abstand zwischen mir und ihr blieb immer gleich.

Susanne schleppte Muscheln heran, die sie im Sand gefunden hatte. Sie strahlte und plapperte ununterbrochen.

Plötzlich kam sie mit einer großen Feder in der Hand. »Mama!« schrie sie von weitem. »Schau, schau, Susanne gefunden.«

Sie hatte noch nie im Leben eine Feder gesehen, glaube ich. Woher sollte sie auch.

»Mama, schau, schau! Susanne gefunden!« Sie wedelte mit der Feder in der Luft.

»Das ist eine Feder, Susanne«, erklärte Mama. »Ein Vogel hat sie verloren.«

»Eine Feder. Eine Feder«, wiederholte Susanne. Sie strahlte.

Dann sah sie plötzlich eine Möwe, die uns beobachtete. Mit der Feder in der Hand ging sie auf die Möwe zu. Aber die ging sofort einige Schritte zurück. Susanne blieb kurz stehen. Dann ging sie wieder auf die Möwe zu. Die Möwe ging wieder zurück – auf Sicherheitsabstand.

Da rief Susanne mit lauter Stimme: »Vogel – warte doch, warte! Du hast eine Feder verloren.«

Papa, Mama und ich lachten uns schief.

»So etwas«, meinte Papa, »kann man sich nicht ausdenken.«

Weil die Möwe ihre verlorene Feder nicht zurückhaben wollte, konnte Susanne sie behalten. Wir haben sie mit nach Hause gebracht. Jetzt liegt sie in Susannes Schatzschatulle – einem Holzkästchen, wo sie Kastanien, schöne Muscheln, Steine und andere Schätze aufbewahrt.

Und meine kleine Schwester ist sehr stolz auf die Feder.

Krokodile schmecken gut

Zum Strand gingen wir jeden Tag. Vormittags und dann noch einmal am späten Nachmittag. Mittags war es zu heiß – nicht auszuhalten. Es regnete auch fast jeden Tag. Immer nach dem Mittagessen. Es regnete in Strömen.

Einmal überraschte uns der Regen auf dem Weg vom Strand nach Hause. Wir wurden pudelnaß. Das war aber nicht schlimm, weil es ein ganz warmer Regen war. So warm, daß man denken konnte, das Wasser käme aus der Dusche. Wenn es nicht ab und zu gedonnert hätte, wäre ich draußen geblieben und hätte mit Susanne im Regen gespielt. So angenehm waren die Tropfen.

Nur vor etwas hatten Susanne und ich ein bißchen Angst. Vor den Kokosnüssen, die hoch über unseren Köpfen in den Palmen hingen. Wenn wir auf der Straße gingen, schaute Susanne ganz ängstlich nach oben. Sie zeigte es mir jeden Tag und sagte: »Schau, schau.«

»Das sind Kokosnüsse, Susanne.«

»Viele Kokosnüsse.«

»Ja, viele. Gehen wir besser nicht unter den

Palmen. Denn stell dir vor, eine fällt uns auf den Kopf...«

»Stell dir vor, eine fällt uns auf den Kopf!« wiederholte Susanne aufgeregt, ging zu Mama und verkündete: »Schau, schau – Kokosnüsse. Stell dir vor, eine fällt uns auf den Kopf.« Dann zog sie Papa energisch an der Hose. »Schau, schau, Kokosnüsse. Stell dir vor, eine fällt uns auf den Kopf.«

»Ich weiß nicht«, sagte Papa ärgerlich, »welcher Dummkopf auf die Idee gekommen ist, Kokosnußpalmen entlang der Straße zu pflanzen. So was ist ja lebensgefährlich.«

Onkel Johannes beruhigte uns: »Die reifen Kokosnüsse fallen nie tagsüber vom Baum. Sie fallen nur nachts, und das zwischen drei und vier Uhr morgens, wenn alle schlafen.«

Das glaubte ich ihm natürlich nicht. Kokosnüsse haben doch keine Uhren. Woher sollen sie wissen, wann es Zeit ist, vom Baum zu fallen?

Onkel Johannes warnte uns: »Geht nie in den Wald, der an den Strand grenzt. Das ist Sumpfgebiet, und dort gibt es Krokodile.«

»Lebendige?« fragte ich. Weil ich dachte, er spinnt.

»Quicklebendige. Mit sooo großen Zähnen.«

»Warum schießt man sie nicht tot?«

»Weil sie unter Naturschutz stehen. Sie tun niemandem was. Sie greifen keinen Menschen an, der sie nicht stört. Sie wollen dort im Sumpf einfach ihre Ruhe haben.«

»Na gut«, sagte ich, »wir werden sie nicht stören.«

»Nein«, nickte Susanne, »wir stören sie nicht.«

»Das will ich euch auch raten«, meinte Onkel Johannes.

Es war leicht, das zu versprechen. Aber jeden Tag schaute ich neugieriger zu dem Wald hinter dem Strand hin. Ob die Krokodile manchmal auch herauskamen, um sich den Strand anzuschauen? Und das Meer? Oder vielleicht die Sonnenuntergänge, wie wir es jeden Abend taten?

Nach drei Tagen konnte ich es nicht mehr aushalten. Und eines Nachmittags, als ich mit Susanne im Sand spielte, flüsterte ich ihr ins Ohr: »Komm mit, Susannchen. Wir schauen uns die Krokodile an.«

Susanne ließ ihre Schaufel in den Sand fallen und fragte: »Was schauen wir uns an?«

»Die Krokodile«, flüsterte ich. »Aber heimlich!«

Ich ging los. Sie tapste brav hinter mir her.

Mama fragte: »Wohin geht ihr?«

Susanne verkündete stolz: »Wir schauen uns die Krokodile an. Aber heimlich!«

Mama traute ihren Ohren nicht: »Was macht ihr?!!«

»Nichts weiter«, antwortete ich. »Wir gehen nur am Strand spazieren.«

Und was machte Susannchen? Sie verkündete nochmals laut und stolz: »Wir schauen uns heimlich die Krokodile an.«

Mensch, warum ist sie manchmal so blöd?

Ich nahm sie an die Hand und sagte ärgerlich: »Jetzt werden wir uns keine Krokodile anschauen. Warum hast du mich verpetzt?«

»Ich habe dich nicht verpetzt. Die Krokodile haben nichts gehört.«

Was sollte ich jetzt sagen? Sie ist echt dumm.

Wir gingen beide Hand in Hand und schauten immer wieder zu dem Wald hinüber. Noch einige Schritte. Noch einige Schritte. Der Waldrand kam immer näher.

Es war ein grüner, dichter Wald. Ein echter Urwald. Dort hinten, dachte ich, lauern die Krokodile. Ob sie uns schon sahen und hoffnungsvoll die Zähne fletschten? Ich wollte sie unbedingt sehen. Auge in Auge. Ich hatte nur ein bißchen Angst. Gut, daß Susanne bei mir war und meine Hand hielt. Wenn man solche gefährlichen Spaziergänge macht, fühlt man sich zu zweit eben sicherer.

Wir waren fast am Waldrand angekommen, dort wo der Sand schon mit Grasbüscheln bewachsen war. Da schrie auf einmal Susanne: »Schau, schau! Ein Krokodil! Ein Krokodil!«

Mir rutschte das Herz in die Hose.

»Schau, schau! Ein Krokodil.«

»Wo?!«

»Da, da! Ein Krokodil!«

Ich folgte Susannes Blick und sah im Gras etwas Großes, Grünes und Langes. Es glänzte in der Sonne und hatte einen runden Rücken. Es war kein Krokodil. Es war eine riesengroße Wassermelone. Die war so lang wie Susanne, aber viel, viel dicker. So eine riesengroße Wassermelone hatte ich nie vorher gesehen. Ich wußte überhaupt nicht, daß es solche riesigen Melonen gibt.

Ich schaute mich um. Es waren noch mehr da. Viele wildgewachsene Wassermelonen.

»Krokodile, viele Krokodile«, meinte Susanne.

»Es sind keine Krokodile. Es sind Wassermelonen.«

»Es sind Krokodile.«

»Es sind Wassermelonen.«

»Krokodile, viele Krokodile.«

»Na gut. Wie du willst. Jetzt pflücken wir uns ein Krokodil.«

Ich habe die riesengroße Wassermelone gepflückt und mit Susannes Hilfe zu Mama und Papa gerollt.

Sie wunderten sich sehr. »Woher habt ihr sie?«

»Da, da, Susanne gefunden.«

»Am Waldrand liegen noch mehr«, erklärte ich. »Sie wachsen hier einfach wild. Wie bei uns die Brombeeren.«

Zum Abendessen gab es gutgekühlte Wassermelone. Sie war herrlich.

»Krokodile schmecken aber gut«, erklärte dann mit vollem Mund Susanne.

Der besiegte Hund

»Heute abend gehen wir zum Grillen«, sagte Onkel Johannes.

Ich sprang vor Freude dreimal in die Luft und rief: »Hurra! Hurra!«

Susanne kam sofort angelaufen. »Warum hüpfst du so?«

»Du wirst auch vor Freude hüpfen, wenn du es weißt. Heute abend gehen wir zum Grillen. Es wird gegrillte Würstchen geben. Magst du nicht auch gegrillte Würstchen?«

»Doch!«

»Dann darfst du mithüpfen.«

»Gut. Ich hüpfe mit.«

Zum Spielen und Hüpfen ist sie immer bereit. Wir spielten den ganzen Nachmittag am Strand, sammelten Muscheln, planschten im Wasser und warteten darauf, daß Onkel Johannes mit dem Grill und dem Fleisch an den Strand käme. So stellte ich mir das jedenfalls vor. Er kam aber nicht.

Erst am Abend, als wir wieder im Ferienhaus waren, kam er plötzlich mit seinem riesengroßen

Auto und sagte: »Steigt alle ein. Wir fahren zu einem Freund von mir, der eine Grillparty gibt.«

Später kriegte ich mit, daß die Amerikaner sehr oft Grillpartys geben. Vielleicht, weil sie nichts anderes zu tun haben.

Auf der Grillparty waren viele Leute. Sie begrüßten uns alle mit »Hello!«.

»Hello!« sagte Susanne.

»Hello!« sagte ich.

Wir können beide wie richtige Amerikaner »Hello« sagen.

Dann stellten wir uns neben den Grill und warteten. Mir lief dabei das Wasser im Munde zusammen.

Neben uns wartete ein Hund, ein weißer Hund mit hängender Zunge. Ihm lief auch das Wasser in der Schnauze zusammen. Noch mehr als mir. Denn es tropfte schon von beiden Seiten heraus.

»Warum setzt ihr euch nicht zu uns?« fragte Mama.

»Nein. Wir möchten hier stehen.«

Susanne nickte. »Wir schauen zu.«

Mama wollte uns zum Tisch schleppen. Aber Onkel Johannes meinte: »Laß sie zuschauen. Grillen macht Spaß.«

Er spielte den Koch. Er hatte eine weiße Mütze auf dem Kopf und begann, das Fleisch zu grillen.

Es roch so köstlich, sage ich euch, daß ich es nicht mehr aushalten konnte.

»Das riecht aber gut«, stellte Susanne fest.

»Noch ein Weilchen Geduld«, meinte Onkel Johannes. »Ihr kriegt als erste etwas. Ihr beiden bekommt die schönsten Stücke.«

Bald war es soweit. Onkel Johannes drückte jedem von uns einen Teller in die Hand. »So. Haltet sie gut fest.«

Wir hielten sie gut fest, und er legte jedem ein wunderschönes Stück Fleisch darauf.

Jetzt marschierten wir beide zu Papa und Mama. Ich voran, Susanne hinter mir her. Neben Susanne lief der weiße Hund. Er reckte den Hals und versuchte, ihr das Stück Fleisch vom Teller zu schnappen.

»Geh weg«, schimpfte Susanne. »Blöder Hund, geh weg.«

Der Hund ging aber nicht weg. Er verstand kein Deutsch. Als Susanne am Tisch saß und Mama ihr einen Bissen abschnitt, blieb er neben ihrem Stuhl hocken, mit hängender Zunge, ganz erwartungsvoll.

Und als Susanne zu essen anfing, sprang er plötzlich hoch. Auf einmal war Susannes Teller leer. Der Hund hatte sich ihr schönes Steak geschnappt.

Aber er hatte seine Rechnung ohne Susanne gemacht. Denn sie stürzte sich sofort wie eine Wilde auf ihn. Sie griff ihr Stück Fleisch mit beiden Händen.

Beide zogen an dem Fleisch. Der Hund von einer Seite, Susanne von der anderen. Mama, Papa und ich waren so baff, daß wir gar nichts taten.

»Laß mein Fleisch los, du blöder Hund. Laß es los!«

»Susanne«, sagte ich, »der versteht dich nicht. Der versteht sicher nur Amerikanisch.«

Bei dem Kampf hat Susanne gesiegt. Weil sie sehr stark zog. Der erstaunte Hund gab auf. Er ließ das Fleisch los und lief weg.

Und was, meint ihr, machte Susannchen?

Zum allgemeinen Entsetzen begann sie, das Fleisch aus der Hand zu essen. Sie strahlte siegesbewußt.

»Wirf das Fleisch weg«, riefen Mama und Papa. »Wirf es sofort weg!«

Susanne schmatzte und antwortete: »Nein! Das ist mein Fleisch!!!«

Mama und Papa brauchten ziemlich lange, um sie zu überreden, das Stück Fleisch doch dem Hund zu überlassen – obwohl sie die Siegerin war. Sie bestand darauf, das Fleisch zu essen, und weinte bitterlich, als Papa ihr es wegnahm.

»Da hast du recht«, sagte ich zu ihr. »Das ist dein Fleisch. Du hast es mutig verteidigt. Aber es ist schmutzig geworden. Verstehst du? Schmutzig.«

»Schmutzig«, schluchzte Susanne, »schmutzig.«

»Und schmutziges Fleisch darf man nicht essen. Komm zu Onkel Johannes. Er wird dir ein neues Stück geben.«

Das hat er auch getan. Und Susanne hat sich endlich beruhigt.

Der Rückflug

Unsere Ferien bei Onkel Johannes in Amerika kamen mir unendlich lang vor.

Aber auch Ferien, die unendlich lang sind, haben irgendwann ein Ende. So rückte auch das Ende unserer Ferien immer näher.

Ich merkte, daß Mama immer unruhiger wurde.

Einmal hörte ich sie zu Papa sagen: »Mir graut vor dem Rückflug.«

»Warum?« wollte ich sofort wissen. »Hast du Angst vor dem Fliegen, Mama? Ich habe keine Angst. Ich finde Fliegen toll. Wenn ich groß bin, werde ich Flugkapitän. Dann fliege ich immer nach Amerika und zurück. Oder nach Japan. Und von überall werde ich dir ein Geschenk mitbringen.«

»Mir graut, wenn ich an Susannes Geschrei denke«, erklärte Mama. »Hast du vergessen, wie sie geweint hat?«

Mensch, an das weinende Flugzeug hatte ich gar nicht mehr gedacht. »Ich glaube, die anderen waren schuld, Mama. Weil sie mitgeweint haben.«

»Aber sie hat damit angefangen.«

»Wenn die anderen nicht mitgeweint hätten, Mama, hätte Susanne sich bald beruhigt. Am Ende schluchzte sie nur noch, aber alle anderen weinten laut. Sogar sehr laut.«

»Trotzdem, mir graut, wenn ich an das Geschrei denke.«

»Diesmal nehme ich sie auf den Schoß, Mama«, versprach ich. »Und ich werde sie die ganze Zeit streicheln. Dann wird sie nicht weinen. Sie ist außerdem inzwischen viel klüger geworden.«

Susanne, die neben uns spielte, hatte alles verstanden. Denn sie sagte laut: »Viel klüger geworden ... viel klüger geworden.«

Jetzt mußten wir alle lachen. Am lautesten lachte sie. Sie war wirklich klüger geworden.

Es war Abend, als unser Flugzeug von Miami in Richtung Deutschland abhob. Es war wieder ein riesengroßes Flugzeug, noch größer als das, mit dem wir hergeflogen waren. Wir stiegen vorn ein, durch einen Gang, der so breit war wie der Gang in unserer Schule.

»Schau mal, Susanne, das ist das Flugzeug, das uns nach Hause bringt. Ist es nicht groß?«

»Groß!« Susanne nickte. »Groß!«

»Es ist sogar riesengroß.«

»Riesengroß! Riesengroß!«

»Es ist bestimmt das allergrößte Flugzeug der Welt. Darin kann man ja sogar Fußball spielen.«

»Nein, das kann man nicht«, piepste Susanne.

»Doch, Susanne. Nur die Sessel müßten weg.«

»Nein, nein, kann man nicht! Auch wenn die Sessel weg sind.«

»Doch!«

»Nein. Wir haben keinen Ball.«

Unsere Plätze waren hinten, am Heck des Flugzeuges. So mußten wir durch das ganze Flugzeug gehen. Wir kamen durch ein rotes Abteil, wo alle Sessel und auch die Fenstervorhänge rot waren. Durch ein grünes Abteil, wo alle Sessel und auch die Vorhänge grün waren. Dann durch ein blaues Abteil, wo alles blau war. Und dann erst kamen wir ans Ende des Flugzeugs, in unser Abteil, wo die Sessel mit braunem Stoff bezogen und die Vorhänge auch braun waren.

Ich begann sofort, die Sessel zu zählen: eins, zwei, drei an einer Fensterseite. Dann ein Gang. Dann vier Sessel in der Mitte. Dann wieder ein Gang und noch drei Sessel am Fenster. Zehn Sitze in einer Reihe.

Ich zählte dreimal, weil ich dachte, das gibt's

gar nicht. Zehn Sessel in einer Reihe, und das im Flugzeug.

Diesmal brauchte Susanne nicht die ganze Zeit auf Mamas Schoß zu sitzen. Das Flugzeug war halb leer. Wir schoben die Armlehnen der Sessel hoch, und so wurde aus einer Mittelreihe ein langes Bett: für mich und Susanne.

Dort machten wir es uns bequem. Das dauerte aber nicht lange. Weil Susanne plötzlich unternehmungslustig wurde. Sie sprang auf und lief den Gang entlang. Ohne sich umzudrehen. Wo wollte sie hin?

Ich rief: »Susanne, warte ...«

Sie wartete aber nicht. Was sollte ich tun?

Ich sprang auf und lief hinter ihr her. Aber sie war plötzlich verschwunden. Wie vom Boden verschluckt.

Ich ging zurück zu Mama und Papa und verkündete: »Susanne ist weg.«

»Ach, wie kann sie weg sein. Wo soll sie denn hin?«

»Das weiß ich auch nicht. Sie ist nach vorne gelaufen und war plötzlich verschwunden.«

»Sie kommt bald zurück ...«, meinte Papa. »Sie hat sich sicher unter einem Sessel versteckt. Sie versteckt sich doch so gern.«

»Dann werde ich sie suchen.«

Ich begann sofort, Susanne zu suchen. Zwischen den Reihen. Und auch unter jedem Sessel. Auch unter den Sesseln, die von Fluggästen besetzt waren. Da legte ich mich auf den Boden und schaute an ihren Beinen vorbei. Einige sahen mich komisch an.

»Ich suche meine Schwester«, erklärte ich ihnen. »Sie hat sich hier irgendwo versteckt.«

Ich suchte und suchte – fand sie aber nicht.

Vielleicht hockte sie in einem Klo? Jetzt ging ich von Toilette zu Toilette. Eine war zu. Ich stellte mich neben die Tür und wartete und wartete. Kein Mensch kam heraus. Plötzlich war mir klar: Da war sicher Susanne drin.

Ich klopfte an die Tür und rief: »Susanne, ich weiß, daß du drin bist. Komm sofort raus.«

Sie sagte kein Wort.

»Du hast dich da drin versteckt, du kleine Maus. Du bist entdeckt. Komm sofort heraus.«

Keine Antwort.

Ich klopfte wieder energisch. Und dieses Mal sehr lange.

»Susanneeeee! Ich habe dich entdeckt. Ich weiß, daß du dich hier drin versteckt hast.«

Endlich gab sie auf. Die Türklinke bewegte sich. Aber zu meinem großen Erstaunen kam nicht Susanne heraus, sondern eine dicke alte

Dame mit rotem Kopf. Sie begann auf englisch mit mir zu schimpfen. Schnell lief ich weg.

Ich lief wieder zu Mama und Papa und verkündete: »Sie ist nirgends zu finden.«

Mama sagte: »Sie muß aber irgendwo sein.«

»Ist sie aber nicht, Mama. Ich habe sie überall gesucht. Könnte sie aus dem Flugzeug gefallen sein, durch irgendein Loch?«

»Nein.«

»Vielleicht im Klo?«

»Nein. In einem Flugzeug gibt es nirgendwo ein Loch«, erklärte Papa. Jetzt machte er sich zusammen mit mir auf die Suche. Wir durchsuchten das ganze Flugzeug. Fanden aber nichts. Susanne war wie vom Boden verschluckt.

Gut, daß ich schließlich eine Stewardeß fragte: »Haben Sie vielleicht ein kleines freches Mädchen gesehen, das Susanne heißt? Sie ist meine Schwester, und sie ist verschwunden.«

»O ja«, sagte die Stewardeß, »sie ist vorne im Cockpit . . .«

»Wo, bitte?«

»Vorne im Cockpit, bei den Piloten.«

»Sie ist meine Schwester«, rief ich. »Ich muß auch hin.«

So kam ich ins Cockpit, und dort fand ich Susanne. Sie saß quietschvergnügt auf dem Schoß des Flugkapitäns. Neugierig schaute sie die Dutzende von Lämpchen an, die vor ihr grün und gelb leuchteten. Sicher dachte sie überhaupt nicht daran, welche Mühe ich mir gemacht hatte, um sie zu suchen.

Manchmal denke ich: Kleine Mädchen haben es gut. Auch wenn sie frech sind. Sie können sich alles erlauben. Ist das gerecht?